Рассказы на испанском
Уровень A1-A2 - Книга 2
- С АУДИО -

для изучения испанского языка как иностранного

Скачайте аудио к этой книге:

Шаг 1: Зайдите на Esidioma.com/extras

Шаг 2: Введите этот код:

raSjh

Нужна помощь? Напишите нам: info@Esidioma.com

ESidioma
esidioma.com

Índice

Изучайте испанский с нами!
Если Вы хотите улучшить свои языковые
навыки, у нас есть все, что Вам нужно.

Copyright © Esidioma
Тексты: Хосе Антонио Сантьяго
Дизайн: команда Esidioma
Изображения: pexels.com
ISBN - 978-84-16971-83-1
Legal Deposit - AS 02217-2024

El caballo egoísta
Эгоистичная лошадь

Vocabulario

1.	egoísta	эгоистичный
2.	caballo	лошадь
3.	burro	осёл
4.	camino	путь, дорога
5.	dueño	хозяин
6.	caminar	идти пешком
7.	sal	соль
8.	harina	мукá
9.	patatas	картофель
10.	rápido	быстрый
11.	pesado	тяжёлый
12.	saco	мешок
13.	cansado	усталый
14.	ayudar	помогать
15.	gritar	кричать
16.	trabajo	работа
17.	fuerte	сильный
18.	me duele la espalada	у меня болит спина
19.	piedra	камень
20.	tropezar	споткнуться
21.	caer	упасть
22.	levantarse	встать, подняться
23.	tonto	глупый
24.	nada	ничего
25.	listo	умный

El caballo egoísta

 Un burro y un caballo van por un camino. Su dueño camina detrás de ellos. Hace mucho calor. El burro camina despacio. Sobre su espalda, lleva sacos con sal, harina y patatas. El caballo camina rápido y no lleva nada. El burro mira al caballo y le dice:

—Ay, estos sacos pesan mucho. Estoy muy cansado. Ayúdame, por favor. Tú puedes llevar las patatas y yo llevaré la harina y la sal.

—¡Qué listo eres! —responde el caballo—. Eso no es mi trabajo. ¿Por qué tengo que ayudarte? Tú eres fuerte. Puedes llevarlo todo sin problema.

Эгоистичная лошадь

Осёл и лошадь идут по дороге. Их хозяин идёт позади них. Очень жарко. Осёл идёт медленно. На спине он несёт мешки с солью, мукой и картофелем. Лошадь идёт быстро и ничего не несёт. Осёл смотрит на лошадь и говорит ей:

– Ах, эти мешки очень тяжёлые. Я очень устал. Помоги мне, пожалуйста. Ты можешь нести картофель, а я понесу муку и соль.

– Какой ты умный! – отвечает лошадь. – Это не моя работа. Почему я должна тебе помогать? Ты сильный. Ты можешь нести всё без проблем.

El burro no dice nada. Está muy cansado y le duele la espalda. Media hora más tarde, el burro pregunta de nuevo:

—Caballo, eres mi amigo. Tienes que ayudarme. ¿Qué puedes coger? ¿La harina, la sal o las patatas? Solo una cosa. Yo llevo el resto. Ayúdame, por favor. Yo no puedo llevarlo todo.

—Por supuesto que puedes —responde el caballo—. Eso es tu trabajo. Como ves, nuestro dueño me quiere mucho. Por eso, no me da sacos pesados.

El burro camina en silencio. Sabe que el caballo no dice la verdad. El dueño ha trabajado todo el día y está muy cansado. Por eso, no ve que el caballo no lleva nada. Y el pobre burro decide no hablar más con el caballo.

Осёл ничего не говорит. Он очень устал, и у него болит спина. Через полчаса осёл снова спрашивает:

– Лошадь, ты мой друг. Ты должна помочь мне. Что ты можешь взять? Муку, соль или картофель? Только одну вещь. Остальное я понесу. Помоги мне, пожалуйста. Я не могу нести всё.

– Конечно, можешь, – отвечает лошадь. – Это твоя работа. Как видишь, наш хозяин очень любит меня. Поэтому он не даёт мне тяжёлые мешки.

Осёл идёт молча. Он знает, что лошадь говорит неправду. Хозяин работал весь день и очень устал. Поэтому он не видит, что лошадь ничего не несёт. И бедный осёл решает больше не разговаривать с лошадью.

En el camino hay una piedra. El burro está muy cansado y no la ve. Tropieza con la piedra y cae al suelo. No puede levantarse. El dueño corre hacia el burro.

—¡Burro! —grita el hombre—. ¡Ay, pobre burro! Mira cuántos sacos tienes en la espalda. Estás cansado y casi no puedes caminar. Y tú, caballo, ¿por qué no ayudas a tu amigo?

El dueño coge todos los sacos y los pone encima del caballo. El caballo empieza a caminar.

—¡Ay, Qué tonto he sido! —piensa el caballo—. Antes, no quise coger ningún saco y ahora lo llevo todo: la harina, la sal y las patatas.

На дороге лежит камень. Осёл очень устал и не видит его. Он спотыкается о камень и падает на землю. Он не может встать. Хозяин подбегает к ослу.

– Осёл! – кричит мужчина. – Ах, бедный осёл! Посмотри, сколько мешков у тебя на спине. Ты устал и почти не можешь идти. А ты, лошадь, почему не помогаешь своему другу?

Хозяин берёт все мешки и кладёт их на лошадь. Лошадь начинает идти.

– Эх, какая же я была глупая! – думает лошадь. – Раньше я не захотела взять ни одного мешка, а теперь несу всё: муку, соль и картофель.

Ejercicios

1 ¿Verdadero (V) o falso (F)?
Верно или неверно?

1. El burro va despacio.
2. El burro lleva sal y harina, y el caballo lleva patatas.
3. El caballo quiere ayudar al burro.
4. El burro es muy fuerte y puede llevarlo todo sin problema.
5. El dueño no ve que el caballo no lleva nada.
6. El caballo piensa que el dueño no le da sacos pesados, porque lo quiere mucho.

2 Escoge la respuesta correcta
Выберите правильный ответ

1. ¿Quién lleva los sacos?
   a) el dueño b) el caballo c) el burro
2. ¿Quién no quiere ayudar?
   a) el dueño b) el caballo c) el burro
3. ¿Qué hace al dueño?
   a) llevarlo todo b) hablar con el caballo c) caminar al lado
4. ¿Qué dice el caballo?
   a) "No es mi trabajo" b) "Tengo que ayudarte"
   c) "Puedo llevarlo todo sin problema"
5. ¿Qué hay en el camino?
   a) unos sacos b) una piedra c) un árbol

3 Completa las frases con las siguientes palabras:
Закончите предложения следующими словами:

nada / camino / otro / verdad /
dificultad / tropieza

1. Un burro y un caballo van por un _____ .
2. El caballo va rápido y no lleva _____ .
3. El burro _____ con la piedra.
4. Nos tenemos que ayudar el uno al _____ .
5. El burro respira con _____ .
6. El burro sabe que el caballo no dice la _____ .

4 Combina las columnas:
Соедините колонки:

1. Hace mucho   a. pesan mucho
2. Los sacos   b. al suelo
3. El burro no puede   c. cansado
4. El burro cae   d. calor
5. El dueño está   e. en la espalda
6. El burro tiene muchos sacos   f. llevarlo todo

Soluciones

Ejercicio 1: 1-V, 2-F, 3-F, 4-F, 5-V, 6-V
Ejercicio 2: 1-c, 2-b, 3-c, 4-a, 5-b
Ejercicio 3: 1-camino, 2-nada, 3-tropieza, 4-otro,
5-dificultad, 6-verdad
Ejercicio 4: 1-d, 2-a, 3-f, 4-b, 5-c, 6-e

El consejero del emperador
Советник императора

Vocabulario

	Español	Ruso
1.	lugar	место
2.	sencillo	простой
3.	amable	дружелюбный
4.	país	страна
5.	ocupado	занятой
6.	respuesta	ответ
7.	barco	корабль
8.	puerto	порт
9.	inmediatamente	сразу
10.	contar	считать
11.	acercarse	подойти, приблизиться
12.	estar seguro	быть уверенным
13.	sorprendido	удивлённый
14.	demasiado	слишком
15.	empezar	начать
16.	pensar	думать
17.	paloma	голубь
18.	verdad	правда
19.	mandar	отправлять, посылать
20.	resultado	результат
21.	invitado	гость, приглашённый
22.	extranjero	иностранец
23.	estar de vacaciones	быть на каникулах
24.	astuto	хитрый
25.	sonrisa	улыбка

El consejero del emperador

🔊 Audio 2

En un lugar muy lejano, en medio del océano, hay una pequeña isla. La gente que vive allí es sencilla y amable. Este pequeño país tiene un emperador. Es un hombre muy ocupado. Cada día, toma decisiones sobre temas importantes. A veces, pide ayuda a su consejero porque es muy sabio. Siempre sabe la respuesta a cualquier pregunta.

—Mi querido consejero, ¿cuántos barcos hay ahora mismo en el puerto? —pregunta un día el emperador.

—Cincuenta barcos —responde inmediatamente el consejero—. Diez barcos de Japón, quince de España, catorce de Australia y once de Italia.

Советник императора

Далеко-далеко посреди океана есть маленький остров. Люди, которые там живут, простые и дружелюбные. В этой маленькой стране есть император. Он очень занятой человек. Каждый день он принимает решения по важным вопросам. Иногда он обращается за помощью к своему советнику, потому что тот очень мудр. Он всегда знает ответ на любой вопрос.

— Мой дорогой советник, сколько кораблей сейчас в порту? – спрашивает однажды император.

— Пятьдесят кораблей, – сразу же отвечает советник. – Десять кораблей из Японии, пятнадцать из Испании, четырнадцать из Австралии и одиннадцать из Италии.

Entonces, el emperador va al puerto y cuenta todos los barcos. Como siempre, la información del consejero es correcta.

Al día siguiente, el emperador se acerca a su consejero y le pregunta:

—¿Y cuántos doctores tenemos en el país? —el emperador está seguro de que el consejero no sabe la respuesta correcta.

—En nuestro país hay cinco mil ciento noventa y ocho doctores —responde el consejero tranquilamente—. Ayer estuve en el hospital y vi esa información en unos documentos.

El emperador está muy sorprendido. "Es imposible. Mi consejero no puede saber la respuesta a todas mis preguntas" —piensa el emperador— "Tiene que haber una pregunta demasiado difícil incluso para él. ¿Qué le puedo preguntar?"

Тогда император идёт в порт и считает все корабли. Как всегда, информация советника верна.

На следующий день император подходит к своему советнику и спрашивает его:

— А сколько у нас в стране врачей? — император уверен, что советник не знает правильного ответа.

— В нашей стране пять тысяч сто девяносто восемь врачей, — спокойно отвечает советник. Вчера я был в больнице и видел эту информацию в некоторых документах.

Император очень удивлён. «Это невозможно. Мой советник не может знать ответ на все мои вопросы, — думает император. — Должен же быть какой-то вопрос, который слишком труден даже для него. Что я могу спросить у него?»

El emperador empieza a pensar. Finalmente, va a buscar a su consejero y le dice:

—Consejero, tengo una pregunta muy importante: ¿Sabes cuántas palomas hay en el país?

—Claro que lo sé —responde el consejero—. Cincuenta mil trescientas ochenta y seis palomas.

—¿Cómo puedo saber que dices la verdad? —pregunta el emperador.

El consejero responde:

—Hay una forma muy sencilla de saberlo. Mandamos a los soldados a contar todas las palomas. Si el resultado es mayor que cincuenta mil trescientos ochenta y seis, la explicación es muy simple: las palomas tienen invitados extranjeros. Si el resultado es menor, la explicación también es simple: algunas palomas están de vacaciones en otra isla.

—Qué astuto eres —dice el emperador con una sonrisa.

Император начинает думать. Наконец, он идёт к своему советнику и говорит ему:

– Советник, у меня есть очень важный вопрос: «Знаешь ли ты, сколько голубей есть в стране?»

– Конечно, знаю, – отвечает советник. – Пятьдесят тысяч триста восемьдесят шесть голубей.

– Как я могу узнать, что ты говоришь правду? – спрашивает император.

Советник отвечает:

– Есть очень простой способ узнать это. Мы пошлём солдат пересчитать всех голубей. Если результат больше, чем пятьдесят тысяч триста восемьдесят шесть, то объяснение очень простое: у голубей есть иностранные гости. А если результат меньше, то объяснение тоже простое: некоторые голуби сейчас в отпуске на другом острове.

– Как ты хитёр, – говорит император с улыбкой.

Ejercicios

1 ¿Verdadero (V) o falso (F)?
Верно или неверно?

1. El emperador toma decisiones sin ayuda de nadie.
2. El consejero sabe la respuesta a cualquier pregunta.
3. Los soldados van a contar los barcos en el puerto.
4. Hay 5198 doctores en el país y 50 barcos en el puerto.
5. El imperador quiere pensar una pregunta demasiado difícil para el consejero.
6. El consejero cuenta las palomas en toda la isla.

2 Escoge la respuesta correcta:
Выберите правильный ответ:

1. ¿Dónde está este pequeño país?
   a) en medio de la jungla b) en medio del océano
   c) en medio del desierto
2. ¿Quién sabe las respuestas a todas las preguntas?
   a) el consejero b) el imperador c) los soldados
3. ¿Cuántos barcos son de Australia?
   a) 11 b) 14 c) 15
4. ¿Dónde está la información sobre los doctores?
   a) en el puerto b) en otra isla c) en el hospital
5. ¿Quién puede contar las palomas?
   a) el consejero b) los soldados c) los invitados extranjeros

3 Completa las frases con las siguientes palabras:
Закончите предложения следующими словами:

lejano / sabio / vacaciones / sencilla / toma / correcta

1. El emperador pide ayuda al consejero porque es muy _____ .

2. La información del consejero era _____ .

3. La gente que vive allí es _____ y amable.

4. En un lugar muy _____ hay una pequeña isla.

5. El emperador _____ decisiones sobre temas importantes.

6. Si el resultado es menor, las palomas están de _____ .

4 Combina las columnas:
Соедините колонки:

1. En el puerto hay barcos de   a. ayuda
2. A veces el emperador pide   b. España
3. Las palomas tienen invitados   c. simple
4. El emperador está   d. extranjeros
5. La explicación es muy   e. sorprendido
6. Hay una forma sencilla de   f. saberlo

Soluciones

Ejercicios 1: 1-F, 2-V, 3-F, 4-V, 5-V, 6-F
Ejercicios 2: 1-b, 2-a, 3-b, 4-c, 5-b
Ejercicios 3: 1-sabio, 2-correcta, 3-sencilla, 4-lejano, 5-toma, 6-vacaciones
Ejercicios 4: 1-b, 2-a, 3-d, 4-e, 5-c, 6-f

La zorra y la fruta
Лиса и фрукты

Vocabulario

1.	bosque	лес
2.	tener hambre	быть голодным
3.	buscar	искать
4.	de repente	вдруг
5.	árbol	дерево
6.	manzana	яблоко
7.	pera	груша
8.	naranja	апельсин
9.	encontrar	найти
10.	rama	ветка
11.	alto	высокий
12.	saltar	прыгать
13.	coger	взять
14.	ácido	кислый
15.	entender	понимать
16.	sombra	тень
17.	echarse a dormir	идти спать
18.	descansar	отдыхать
19.	soñar	видеть во сне
20.	despertarse	просыпаться
21.	pararse	остановиться
22.	alejarse	отходить, удаляться
23.	duro	твёрдый
24.	odiar	ненавидеть
25.	conseguir	получать, добиваться

La zorra y la fruta

Una zorra pasea por el bosque. Tiene mucha hambre y está cansada. Busca algo para comer. De repente, ve muchos árboles con fruta. La zorra mira la fruta y piensa:

—¡Cuánta comida! Manzanas, peras, naranjas,... Nunca he visto tanta comida junta.

La zorra es muy inteligente. Sabe que comer fruta es bueno para la salud. La manzana es su fruta favorita. Así que, mira a su alrededor y encuentra un gran árbol lleno de manzanas. Las ramas están muy altas. La zorra empieza a saltar para coger una manzana. Salta, salta, y salta. Después de un rato, entiende que no puede saltar tan alto.

Лиса и фрукты

Лиса гуляет по лесу. Она очень голодная и уставшая. Она ищет что-нибудь поесть. Вдруг она видит много деревьев с фруктами. Лиса смотрит на фрукты и думает:

– Столько еды! Яблоки, груши, апельсины… Я никогда не видела столько еды в одном месте.

Лиса очень умная. Она знает, что есть фрукты – полезно для здоровья. Яблоко – её любимый фрукт. Поэтому она смотрит вокруг и находит большое дерево, полное яблок. Ветви очень высоко. Лиса начинает прыгать, чтобы сорвать яблоко. Она прыгает, прыгает и прыгает. Через некоторое время она понимает, что не может прыгнуть так высоко.

—No pasa nada —piensa la zorra.— La pera también es una fruta deliciosa y muy sana.

La zorra se acerca a un árbol con muchas peras. De nuevo empieza a saltar. Pero no puede coger ninguna pera. Entonces, la zorra va a un árbol lleno de naranjas. Pero ve que este árbol es más alto que los otros.

—Creo que estoy demasiado cansada. Por eso no puedo saltar tan alto. Debajo de este árbol hay sombra. Voy a dormir aquí un rato para descansar. Después, tendré más fuerza que antes y podré saltar más alto.

Hoy hace mucho calor. Debajo del árbol, la zorra está muy cómoda. Se echa a dormir y sueña con las manzanas, las peras y las naranjas. ¡Qué hambre tiene!

– Ничего, – думает лиса. – Груша тоже вкусный и очень полезный фрукт.

Лиса подходит к дереву, на котором висит много груш. Она снова начинает прыгать. Но она не может сорвать ни одной груши. Тогда лиса идёт к дереву, полному апельсинов. Но она видит, что это дерево ещё выше, чем другие.

– Я думаю, я слишком устала. Поэтому я не могу прыгать так высоко. Под этим деревом есть тень. Я посплю здесь немного, чтобы отдохнуть. Потом у меня будет больше сил, чем раньше, и я смогу прыгать выше.

Сегодня очень жарко. Под деревом лисе очень удобно. Она ложится спать, и ей снятся яблоки, груши и апельсины. Как она голодна!

Una hora después, la zorra se despierta y empieza a saltar de nuevo. Salta más que antes. Pero no es suficiente. El árbol es demasiado alto. Pero la zorra no se para. Salta, salta y salta. Sin embargo, todo es inútil.

A la zorra le duelen las patas y está muy cansada. Ya no quiere saltar más. Entonces, se aleja del árbol y grita:

—¡Bah! ¿Quién quiere comer esta fruta? Seguro que las manzanas y las naranjas están demasiado ácidas. Y las peras parecen demasiado duras. Además, a mí no me gusta la fruta.

Moraleja: A veces, la gente odia lo que no puede conseguir.

Через час лиса просыпается и снова начинает прыгать. Она прыгает выше, чем раньше. Но этого недостаточно. Дерево слишком высокое. Но лиса не останавливается. Она прыгает, прыгает и прыгает. Тем не менее всё бесполезно.

У лисы болят лапы, и она очень устала. Она больше не хочет прыгать. Тогда она отходит от дерева и кричит:

- Тьфу! Кому хочется есть эти фрукты? Наверняка, яблоки и апельсины слишком кислые. А груши кажутся слишком твёрдыми. Кроме того, я не люблю фрукты.

Мораль: иногда люди ненавидят то, что не могут получить.

Ejercicios

1 Pon las frases en el orden correcto:
Расставьте предложения в правильном порядке:

1. La zorra empieza a saltar para coger una manzana.
2. La zorra se echa a dormir bajo el árbol.
3. Un hora después, la zorra se despierta.
4. La zorra busca algo para comer y vé arboles con fruta.
5. La zorra se acerca a un árbol con peras.
6. "A mí no me gusta la fruta" —grita la zorra.

2 Verdadero (V) o falso (F)?
Верно или неверно?

1. Las ramas de los árboles están muy altas.
2. La zorra sabe que comer fruta es bueno para la salud.
3. La pera es su fruta favorita.
4. El árbol con naranjas no es alto, pero la zorra no puede coger ninguna fruta.
5. La zorra sueña con las manzanas, peras y naranjas.
6. La zorra no quiere la fruta porque está ácida y dura.

3 Completa las frases con las siguientes palabras:
Закончите предложения следующими словами:

saltar / tanta / alrededor / bueno /
debajo / lleno

1. Nunca he visto _____ comida junta.
2. La zorra empieza a _____ para coger una manzana.
3. Comer fruta es _____ para la salud.
4. La zorra mira a su _____ y ve un árbol.
5. La zorra va a un árbol _____ de naranjas.
6. _____ de este árbol hay sombra.

4 Combina las columnas:
Соедините колонки:

1. La zorra tiene mucha   a. altas
2. Las ramas están muy   b. duras
3. La zorra se echa a   c. perder
4. A la zorra no le gusta   d. hambre
5. La zorra se aleja del   e. árbol
6. Las peras parecen demasiado   f. dormir

Soluciones

Ejercicio 1: El orden correcto es 4, 1, 5, 2, 3, 6
Ejercicio 2: 1-V, 2-V, 3-F, 4-F, 5-V, 6-F
Ejercicio 3: 1-tanta, 2-saltar, 3-bueno, 4-alrededor, 5-lleno, 6-Debajo
Ejercicio 4: 1-d, 2-a, 3-f, 4-c, 5-e, 6-b

¿Quién es el mejor?
Кто самый лучший?

Vocabulario

1.	mundo	мир
2.	especial	особенный
3.	tener miedo	бояться
4.	león	лев
5.	pasear	гулять
6.	nunca	никогда
7.	decir	сказать
8.	peor	хуже
9.	responder	отвечать
10.	palabra	слово
11.	cueva	пещера
12.	a menudo	часто
13.	Hace calor	Жарко / Стоит жара
14.	dentro	внутри
15.	hormiga	муравей
16.	vivir	жить
17.	valiente	смелый
18.	reírse	смеяться
19.	tontería	глупость, ерунда
20.	roca	камень
21.	enorme	огромный
22.	sin embargo	тем не менее
23.	agujero	дыра
24.	salida	выход
25.	cerrar	закрыть

¿Quién es el mejor?

¿Te gustan los animales? ¿Cuál es tu animal favorito? ¿Cuál es el mejor animal del mundo? Esta es una pregunta difícil, ¿verdad?

Nuestra historia trata de un elefante muy especial. Piensa que es el mejor animal del mundo. Es grande y fuerte. Los otros animales le tienen miedo. Incluso el león le tiene miedo.

A este elefante le gusta pasear. A menudo, pasea por el bosque. Ahí viven muchos animales. Cuando lo ven, siempre le dicen "Hola, señor elefante". El elefante nunca responde y sigue su camino sin decir nada. ¡Es muy arrogante!

Кто самый лучший?

Ты любишь животных? Какое твоё любимое животное? Какое самое лучшее животное в мире? Это сложный вопрос, не так ли?

Наша история об очень особенном слоне. Он думает, что он самое лучшее животное в мире. Он большой и сильный. Другие животные его боятся. Даже лев боится его.

Этому слону нравится гулять. Он часто гуляет по лесу. Там живёт много животных. Когда они видят его, то всегда говорят ему: «Здравствуйте, господин Слон». Слон никогда не отвечает и продолжает свой путь, ничего не говоря. Он очень высокомерен!

—¿Por qué tengo que hablar con los otros animales? —piensa el elefante—. Ellos son peores que yo. Todos deben respetarme.

Un día, el elefante decide pasear por las montañas. Como siempre, todos los animales le dicen "Hola, señor elefante". El elefante, como siempre, no dice ni una palabra.

En las montañas, hay muchas cuevas. El elefante descansa a menudo en ellas. El elefante encuentra una donde no hace calor y hay mucho espacio.

Dentro de esa cueva viven unas hormigas. Son pequeñas pero muy valientes. Una de ellas va hacia el elefante y le dice:

—¡Hey, elefante! ¡Sí, tú! Tengo una pregunta para ti. ¿Por qué nunca me dices nada? Yo siempre te digo "hola" y tú nunca respondes.

– Почему я должен разговаривать с другими животными? – думает слон. – Они хуже меня. Все должны уважать меня.

Однажды слон решает погулять в горах. Как обычно, все животные говорят ему: «Здравствуйте, господин Слон». Слон, как обычно, не говорит ни слова.

В горах есть много пещер. Слон часто отдыхает в них. Слон находит одну, где нежарко и очень просторно.

В этой пещере живут муравьи. Они маленькие, но очень смелые. Один из них подходит к слону и говорит ему:

– Эй, слон! Да, ты! У меня к тебе вопрос. Почему ты никогда ничего мне не говоришь? Я всегда говорю тебе «привет», а ты никогда не отвечаешь.

—¿Pero tú quién eres? —se ríe el elefante— ¿El animal más pequeño del mundo?

—Sí, las hormigas somos pequeñas, pero no somos peores que tú. Tú eres grande y fuerte. Por eso, piensas que eres el mejor. Pero eso no es cierto.

El elefante no quiere escucharla.

—Qué hormiga más estúpida —piensa el elefante y se ríe—. ¡Ja, ja, ja! ¡Qué tonterías dice! ¡Ja, ja, ja!

El elefante se ríe tanto, que comienzan a caer rocas de la montaña. Una roca enorme cae delante de la cueva y cierra la salida. La roca es demasiado pesada. El elefante es grande y fuerte, pero no puede mover la roca. Sin embargo, las hormigas encuentran un pequeño agujero y escapan fácilmente de la cueva.

—¡Hey, elefante! ¿Quién es ahora el mejor animal del mundo? —pregunta la hormiga.

— А ты кто такой? — смеётся слон. — Самое маленькое животное в мире?

— Да, мы, муравьи, маленькие, но мы не хуже тебя. Ты большой и сильный. Поэтому ты думаешь, что ты лучше всех. Но это не так.

Слон не хочет слушать его.

— Какой глупый муравей, — думает слон и смеётся. — Ха-ха-ха! Какие глупости он говорит! Ха-ха-ха!

Слон так смеётся, что с горы начинают падать камни. Огромный камень падает перед пещерой и закрывает выход. Камень слишком тяжёлый. Слон большой и сильный, но он не может сдвинуть камень. Однако, муравьи находят небольшое отверстие и легко убегают из пещеры.

— Эй, слон! Кто теперь самое лучшее животное в мире? — спрашивает муравей.

Ejercicios

1
Pon las frases en el orden correcto:
Расставьте предложения в правильном порядке:

1. La hormiga dice al elefante que las hormigas no son peores que él.
2. El elefante se ríe mucho.
3. La roca es pesada y el elefante no puede moverla.
4. El elefante pasea por las montañas y encuentra una cueva.
5. Las hormigas escapan fácilmente de la cueva.
6. Una roca enorme cae y cierra la salida.

2
Verdadero (V) o falso (F)?
Верно или неверно?

1. El león también tiene miedo al elefante.
2. El elefante nunca saluda a los otros animales.
3. El elefante vive en una cueva.
4. Las hormigas son fuertes y mueven la roca.
5. Las hormigas encuentran un agujero y escapan de la cueva.
6. Las rocas caen de la montaña, porque el elefante es demasiado pesado.

3 Completa las frases con las siguientes palabras:
Закончите предложения следующими словами:

mover / trata / sigue / delante /
agujero / peores

1. Nuestra historia _____ de un elefante muy especial.
2. Una roca enorme cae _____ de la cueva.
3. El elefante _____ su camino sin decir nada.
4. El elefante no puede _____ la roca.
5. El elefante piensa que otros animales son _____ que él.
6. Las hormigas encuentran un pequeño _____ y escapan.

4 Combina las columnas:
Соедините колонки:

1. El elefante es muy   a. la salida
2. Una roca enorme cierra   b. arrogante
3. Las rocas caen de   c. tonterías
4. Todos los animales deben   d. respetarme
5. La hormiga dice   e. espacio
6. Aquí no hace calor y hay mucho   f. la montaña

Soluciones
Ejercicio 1: El orden correcto es 4, 1, 2, 6, 3, 5
Ejercicio 2: 1-V, 2-V, 3-F, 4-F, 5-V, 6-F
Ejercicio 3: 1-trata, 2-delante, 3-sigue, 4-mover,
5-peores, 6-agujero
Ejercicio 4: 1-b, 2-a, 3-f, 4-d, 5-c, 6-e

Patatas deliciosas
Вкусная картошка

Vocabulario

1. viejo — старый
2. joven — молодой
3. huerto — огород
4. vaca — корова
5. pueblo — деревня
6. cebolla — лук
7. zanahoria — морковь
8. fácil — простой, лёгкий
9. mañana — завтра
10. fresco — свежий
11. temprano — рано
12. después — потом, после
13. dar de comer — кормить
14. verdura — овощи
15. cena — ужин
16. vago — ленивый
17. tarde — поздно
18. preparar — готовить
19. cenar — ужинать
20. contento — довольный
21. frito — жареный
22. mesa — стол
23. ¡Qué asco! — Фу! Какая гадость!
24. fregar los platos — мыть посуду
25. limpiar — убирать, чистить

Patatas deliciosas

Una madre y su hijo viven en un pueblo. La madre es vieja. El hijo es joven y fuerte. Tienen un gran huerto y una vaca.

La vida en el pueblo es muy tranquila. En el huerto hay patatas, tomates, cebollas y zanahorias. Y la vaca da mucha leche. Pero vivir en el pueblo no es fácil porque siempre hay mucho trabajo.

Todas las mañanas, la madre se levanta muy temprano. Trabaja en el huerto todo el día. Después, tiene que dar de comer a la vaca. Por la tarde, coge verduras frescas y prepara la cena.

Вкусная картошка

Мать с сыном живут в деревне. Мать пожилая. Сын молодой и сильный. У них есть большой огород и корова.

Жизнь в деревне очень спокойная. В саду растёт картофель, помидоры, лук и морковь. А корова даёт много молока. Но жить в деревне нелегко, потому что всегда есть много работы.

Каждое утро мать встаёт очень рано. Она весь день работает в огороде. Затем она должна покормить корову. Вечером она собирает свежие овощи и готовит ужин.

¿Y qué hace su hijo mientras tanto? El hijo es muy vago y descansa todo el día. Le gusta dormir y siempre se levanta tarde. Luego, pasea por el bosque o lee un libro. Y por la tarde, cena y se va a dormir temprano. Su madre no está contenta, pero no dice nada.

Hoy, para cenar, hay patatas fritas.

—Hijo, la cena ya está en la mesa —dice la madre.

El hijo prueba las patatas y dice:

—¿Otra vez patatas? ¡Qué asco! ¿Por qué haces siempre patatas para cenar? No puedo comer esto todos los días.

El hijo deja las patatas en la mesa y se va a dormir. La madre, como siempre, no dice nada. Recoge la mesa, friega los platos, limpia la cocina y también se va a dormir.

А что тем временем делает её сын? Сын очень ленивый и отдыхает весь день. Он любит спать и всегда встаёт поздно. Затем он гуляет по лесу или читает книгу. А вечером он ужинает и рано ложится спать. Мать недовольна, но ничего не говорит.

Сегодня на ужин – жареный картофель.

– Сынок, ужин уже на столе, – говорит мать.

Сын пробует картофель и говорит:

– Снова картошка? Фу! Почему ты всегда готовишь картошку на ужин? Я не могу есть это каждый день.

Сын оставляет картофель на столе и идёт спать. Мать, как обычно, ничего не говорит. Она убирает со стола, моет посуду, убирается на кухне и тоже идёт спать.

A la mañana siguiente, la madre despierta a su hijo muy temprano y le dice:

—Hoy vamos a trabajar juntos.

Hace mucho calor, pero trabajan todo el día. No descansan ni un minuto. Por la tarde, llegan a casa muy cansados. El hijo pregunta a su madre:

—¿Qué hay para cenar? Tengo mucha hambre.

—¿Quieres patatas? —pregunta la madre—. Las puedo preparar en un minuto.

—Sí, por favor. —responde el hijo.

La madre pone las patatas sobre la mesa. El hijo las come rápidamente y dice:

—¡Estas patatas están muy buenas! ¿Cómo las haces? ¿Es una receta nueva?

—Claro que no, hijo mío —responde la madre—. Estas son las patatas de ayer. La comida sabe mejor cuando tienes hambre de verdad.

На следующее утро мать будит сына очень рано и говорит ему:

– Сегодня мы будем работать вместе.

Погода очень жаркая, но они работают весь день. Они не отдыхают ни минуты. Вечером они приходят домой очень уставшие. Сын спрашивает мать:

– Что сегодня на ужин? Я очень голоден.

– Хочешь картошку? – спрашивает мать. – Я могу приготовить её за минуту.

– Да, пожалуйста, – отвечает сын.

Мать ставит картофель на стол. Сын быстро съедает его и говорит:

– Эта картошка очень вкусная! Как ты её готовишь? Это новый рецепт?

– Конечно, нет, сынок, – отвечает мать. – Это вчерашняя картошка. Еда кажется вкуснее, когда ты действительно голоден.

Ejercicios

1
¿Verdadero (V) o falso (F)?
Верно или неверно?

1. La vida en el pueblo es muy fácil.
2. El hijo trabaja en el huerto todos los días.
3. Por la tarde, el hijo se va a dormir temprano.
4. La madre siempre friega los platos.
5. El hijo no come las patatas y la madre prepara algo nuevo.
6. Cuando el hijo tiene hambre, las patatas de ayer saben mejor.

2
Escoge la respuesta correcta
Выберите правильный ответ

1. ¿Dónde viven la madre y el hijo?
   a) en una ciudad b) en un pueblo c) en la huerta
2. ¿Qué animal tienen?
   a) un gato b) un perro c) una vaca
3. ¿Qué cocina la madre a menudo?
   a) patatas b) carne c) tomates
4. ¿Qué hace el hijo?
   a) descansar b) dar de comer a la vaca c) lavar los platos
5. ¿Por qué el final las patatas saben bien?
   a) porque es una receta nueva b) porque son frescas
   c) porque el hijo tiene hambre

3 Completa las frases con las siguientes palabras:
Закончите предложения следующими словами:

fuerte / verduras / sabe / vago /
temprano / friega

1. La madre es vieja y el hijo es joven y _____ .
2. La madre se levanta _____ .
3. Por la tarde, la madre coge las _____ frescas.
4. El hijo es muy _____ y descansa todo el día.
5. La madre _____ los platos.
6. La comida _____ mejor cuando tienes hambre.

4 Combina las columnas:
Соедините колонки:

1. Llegan a casa muy   a. zanahorias
2. En el huerto hay   b. el bosque
3. No descansan ni   c. leche
4. La vaca da mucha   d. contenta
5. El hijo pasea por   e. cansados
6. La madre no está   f. un minuto

Soluciones

Ejercicios 1: 1-F, 2-F, 3-V, 4-V, 5-F, 6-V
Ejercicios 2: 1-b, 2-c, 3-a, 4-a, 5-c
Ejercicios 3: 1-fuerte, 2-temprano, 3-verduras, 4-vago, 5-friega, 6-sabe
Ejercicios 4: 1-e, 2-a, 3-f, 4-c, 5-b, 6-d

Buenos vecinos
Хорошие соседи

Vocabulario

1. liebre	заяц
2. deporte	спорт
3. correr	бежать
4. ocurrir	произойти, случиться
5. extraño	странный
6. enfermo	больной
7. cuerpo	тело
8. garganta	горло
9. oreja	ухо
10. pata	нога, лапа
11. cama	кровать
12. vecino	сосед
13. caracol	улитка
14. estupendo	великолепный
15. pobre	бедный
16. ¡Qué pena!	Как жаль!
17. medicina	лекарство
18. preocuparse	беспокоиться
19. crecer	расти
20. ventana	окно
21. noticias	новости
22. lento	медленный
23. por fin	наконец-то
24. ahora mismo	прямо сейчас
25. hierba	трава

Buenos vecinos

En un bosque, debajo de un árbol, vive una liebre. Todas las mañanas, la liebre hace deporte. Corre muy rápido y salta muy alto.

Pero hoy ha ocurrido algo extraño. La liebre ni corre ni salta. Está enferma. Le duele todo el cuerpo. Le duele la garganta. Le duelen las orejas. Le duelen las patas. No puede hacer deporte. Solo puede estar en la cama.

La liebre tiene un buen vecino. Es un caracol. Es muy lento, como todos los caracoles.

—Hola, liebre. ¿Qué haces en casa? —pregunta el caracol—. Hoy hace un día estupendo.

Хорошие соседи

В лесу под деревом живёт заяц. Каждое утро заяц занимается спортом. Он бегает очень быстро и прыгает очень высоко.

Но сегодня произошло что-то странное. Заяц не бегает и не прыгает. Он болен. У него болит всё тело. У него болит горло. У него болят уши. У него болят лапы. Он не может заниматься спортом. Он только может лежать в постели.

У зайца есть хороший сосед. Это улитка. Она очень медлительная, как и все улитки.

– Здравствуй, заяц. Что ты делаешь дома? – спрашивает улитка. – Сегодня прекрасный день.

—¡Ay, querido caracol! —responde la liebre—. No puedo pasear. Estoy enferma. Me duelen las patas, la garganta, la espalda y hasta las orejas. No me puedo mover.

—¡Ay, pobre liebre! ¡Qué pena verte así! ¿Tienes que tomar alguna medicina? —pregunta el caracol.

—Sí, así es. Necesito una medicina especial para liebres. Es una hierba que crece muy cerca de aquí. Pero, como ves, yo no puedo ir.

—No te preocupes —contesta el caracol—. ¿Dónde está esa hierba? Yo puedo ir a buscarla.

—Ay, muchísimas gracias, caracol. Eres un amigo de verdad —responde la liebre y explica al caracol dónde crece esta hierba especial.

—Perfecto. Ahora mismo voy por tu medicina —responde el caracol y se va.

— Ой, дорогая улитка! — отвечает заяц. — Я не могу гулять. Я болен. У меня болят лапы, горло, спина и даже уши. Я не могу двигаться.

— Ох, бедный заяц! Как жаль видеть тебя таким! Тебе нужно принять какое-нибудь лекарство? — спрашивает улитка.

— Да, так и есть. Мне нужно специальное лекарство для зайцев. Это трава, которая растёт совсем недалеко. Но, как видишь, я не могу идти.

— Не волнуйся, — отвечает улитка. — Где находится эта трава? Я могу пойти и поискать её.

— Ах, большое спасибо, улитка. Ты настоящий друг, — отвечает заяц и объясняет улитке, где растёт эта особенная трава.

— Отлично. Я сейчас же пойду за твоим лекарством, — говорит улитка и уходит.

Pasa el tiempo. La liebre mira por la ventana y espera al caracol. Después de comer, vuelve a mirar por la ventana.

—Pero, ¿dónde está este caracol? —piensa la liebre.

Una hora más tarde, la liebre aún no tiene noticias de su vecino.

—¡Qué animal más lento! —grita la liebre—. ¿Dónde está? ¿Cuándo va a venir?

—¿Estás hablando de mí? —dice una voz. La liebre mira por la ventana y ve al caracol.

—¡Vaya, por fin estás aquí! —responde la liebre—. ¿Dónde has estado todo este tiempo? ¿Tienes mi medicina?

—¿Tu medicina? —responde el caracol sorprendido—. He salido de casa hace solo dos horas. Aún estoy de camino.

Проходит время. Заяц смотрит в окно и ждёт улитку. После обеда он снова смотрит в окно.

— Ну, где же эта улитка? — думает заяц.

Час спустя у зайца всё ещё нет никаких вестей о соседе.

— Какое медленное животное! — кричит заяц. — Где она? Когда она придёт?

— Ты говоришь обо мне? — говорит чей-то голос. Заяц смотрит в окно и видит улитку.

— Ну, наконец-то ты здесь! — отвечает заяц. — Где ты была всё это время? У тебя есть моё лекарство?

—Твоё лекарство?—отвечает улитка с удивлением. — Я вышла из дома всего два часа назад. Я всё ещё в пути.

Ejercicios ---

1 ¿Verdadero (V) o falso (F)?
Верно или неверно?

1. El caracol y la liebre son vecinos.
2. A la liebre le duelen las orejas, la garganta y las patas.
3. El caracol es vago y no quiere ir a buscar la hierba.
4. El caracol es lento, como todos los caracoles.
5. La hierba que necesita la liebre crece muy cerca.
6. El caracol no puede ir rápido porque está enfermo también.

2 Escoge la respuesta correcta:
Выберите правильный ответ:

1. ¿Dónde vive la liebre?
   a) en la hierba b) debajo de un árbol c) cerca de un lago
2. ¿Por qué la liebre está en casa?
   a) es vaga b) no quiere salir c) está enferma
3. ¿Qué necesita la liebre?
   a) una casa nueva b) una hierba especial
   c) un buen vecino
4. ¿Qué hace el caracol?
   a) ir a buscar la hierba b) cocinar c) hacer deporte
5. ¿Cuánto tiempo espera la liebre al caracol?
   a) cinco minutos b) dos días c) varias horas

3 Completa las frases con las siguientes palabras:
Закончите предложения следующими словами:

cuerpo / corre / crece / noticias /
por fin / estupendo

1. La liebre ni _____ ni salta.
2. Le duele todo el _____ .
3. La liebre explica al caracol dónde _____ la hierba especial.
4. ¡Hoy hace un día _____ !
5. La liebre no tiene _____ de su vecino.
6. ¡Vaya, _____ estás aquí! – responde la liebre.

4 Combina las columnas:
Соедините колонки:

1. La liebre no puede hacer   a. de aquí
2. Hoy ha ocurrido algo   b. vecino
3. Esta hierba crece cerca   c. extraño
4. La liebre tiene un buen   d. camino
5. El caracol aún está de   e. la ventana
6. La liebre vuelve a mirar por   f. deporte

Soluciones

Ejercicios 1: 1-V, 2-V, 3-F, 4-V, 5-V, 6-F
Ejercicios 2: 1-b, 2-c, 3-b, 4-a, 5-c
Ejercicios 3: 1-corre, 2-cuerpo, 3-crece, 4-estupendo,
5-noticias, 6-por fin
Ejercicios 4: 1-f, 2-c, 3-a, 4-b, 5-d, 6-e

Notas

....
....
....
....
....
....
....
....
....
....
....
....
....
....
....
....
....
....
....
....
....
....
....
....

Notas

....
....
....
....
....
....
....
....
....
....
....
....
....
....
....
....
....
....
....
....
....
....
....
....
....